世界五千年

科技故事丛书

卢嘉锡题

世界五千年科技故事丛书

星云学说的主人

康德和拉普拉斯的故事

丛书主编　管成学　赵骥民

编著　姚立澄

吉林出版集团　吉林科学技术出版社

图书在版编目（CIP）数据

星云学说的主人：康德和拉普拉斯的故事 / 管成学，
赵骥民主编. -- 长春：吉林科学技术出版社，2012.10（2022.1 重印）
ISBN 978-7-5384-6096-4

Ⅰ.① 星… Ⅱ.① 管… ② 赵… Ⅲ.① 康德，Ⅰ.（1724～1804）
—生平事迹—通俗读物② 拉普拉斯（1749～1827）—生平事迹—
通俗读物 Ⅳ.① B516.31-49② K835.656.11-49

中国版本图书馆CIP数据核字（2012）第156246号

星云学说的主人：康德和拉普拉斯的故事

主　　编	管成学　赵骥民	
出 版 人	宛　霞	
选题策划	张瑛琳	
责任编辑	潘竞翔	
封面设计	新华智品	
制　　版	长春美印图文设计有限公司	
开　　本	640mm×960mm　1 / 16	
字　　数	100千字	
印　　张	7.5	
版　　次	2012年10月第1版	
印　　次	2022年1月第4次印刷	

出　　版	吉林出版集团
	吉林科学技术出版社
发　　行	吉林科学技术出版社
地　　址	长春市净月区福祉大路 5788 号
邮　　编	130118
发行部电话 / 传真	0431-81629529　81629530　81629531
	81629532　81629533　81629534
储运部电话	0431-86059116
编辑部电话	0431-81629518
网　　址	www.jlstp.net
印　　刷	北京一鑫印务有限责任公司

书　　号	ISBN 978-7-5384-6096-4
定　　价	33.00元

序　言

十一届全国人大副委员长、中国科学院前院长、两院院士

放眼21世纪，科学技术将以无法想象的速度迅猛发展，知识经济将全面崛起，国际竞争与合作将出现前所未有的激烈和广泛局面。在严峻的挑战面前，中华民族靠什么屹立于世界民族之林？靠人才，靠德、智、体、能、美全面发展的一代新人。今天的中小学生届时将要肩负起民族强盛的历史使命。为此，我们的知识界、出版界都应责无旁贷地多为他们提供丰富的精神养料。现在，一套大型的向广大青少年传播世界科学技术史知识的科普读物《世

界五千年科技故事丛书》出版面世了。

由中国科学院自然科学研究所、清华大学科技史暨古文献研究所、中国中医研究院医史文献研究所和温州师范学院、吉林省科普作家协会的同志们共同撰写的这套丛书，以世界五千年科学技术史为经，以各时代杰出的科技精英的科技创新活动作纬，勾画了世界科技发展的生动图景。作者着力于科学性与可读性相结合，思想性与趣味性相结合，历史性与时代性相结合，通过故事来讲述科学发现的真实历史条件和科学工作的艰苦性。本书中介绍了科学家们独立思考、敢于怀疑、勇于创新、百折不挠、求真务实的科学精神和他们在工作生活中宝贵的协作、友爱、宽容的人文精神。使青少年读者从科学家的故事中感受科学大师们的智慧、科学的思维方法和实验方法，受到有益的思想启迪。从有关人类重大科技活动的故事中，引起对人类社会发展重大问题的密切关注，全面地理解科学，树立正确的科学观，在知识经济时代理智地对待科学、对待社会、对待人生。阅读这套丛书是对课本的很好补充，是进行素质教育的理想读物。

读史使人明智。在历史的长河中，中华民族曾经创造了灿烂的科技文明，明代以前我国的科技一直处于世界领先地位，涌现出张衡、张仲景、祖冲之、僧一行、沈括、郭守敬、李时珍、徐光启、宋应星这样一批具有世界影响的科学家，而在近现代，中国具有世界级影响的科学家并不多，与我们这个有着13亿人口的泱泱大国并不相称，与世界先进科技水平相比较，在总体上我国的科技水平还存在着较大差距。当今世界各国都把科学技术视为推动社会发展的巨大动力，把培养科技创新人才当做提高创新能力的战略方针。我国也不失时机地确立了科技兴国战略，确立了全面实施素质教育，提高全民素质，培养适应21世纪需要的创新人才的战略决策。党的十六大又提出要形成全民学习、终身学习的学习型社会，形成比较完善的科技和文化创新体系。要全面建设小康社会，加快推进社会主义现代化建设，我们需要一代具有创新精神的人才，需要更多更伟大的科学家和工程技术人才。我真诚地希望这套丛书能激发青少年爱祖国、爱科学的热情，树立起献身科技事业的信念，努力拼搏，勇攀高峰，争当新世纪的优秀科技创新人才。

目　录

世界是谁创造的

1. 上帝的地盘谁占了

从小就听老人说过：一寸光阴一寸金，寸金难买寸光阴。老人在感叹时间的流逝。时光就像东去的流水，不紧不慢，永不停息地流逝着。春来了，又去了，花开了，又谢了。无言的时光带走了我们的黑发，带走了我们的青春，却给世界留下无数讲不完的故事，给世界留下无数解不完的谜团。

我们来到这个世界上，当我们睁开双眼，我们就可以看到宠爱我们的父母，就可以感受到世界的喧闹。我们看到了房子，看到了汽车，听到了喇叭在大街小巷说着话，我们拉一下灯绳，暗暗的灯泡会突然发出光来，刺得我们睁不开眼睛，可是，我们对这些现象一点也不奇怪。是呀，这有什么好奇怪的呀，早在我们生下来之前，它们就有了。可是，我们慢慢地长大，我们有了自己的思想，我们可以自己去思考一些简单的问题了，我们才会知道世界本来不是这样的，许多的东西不是生来就有的，像汽车、电灯都是勤劳的叔叔阿姨在工厂里生产出来的。随着时间的转移，我们长得更大了，我们可以认字读书了。我们掌握了更多的知识，我们会知道我们人类社会已经有了很长很长的文明史。这时，我们也许会产生更深的问题。在人类发明文字之前，世界上发生了些什么事呢？世界是什么样子的呢？我们读不到任何文字的记载。我们只能从考古学家从泥土里发掘出来的古人用过的工具中去猜测他们的生活。那么更远，在人类产生之前，世界又是什么样的呢？那些茂密的森林，巍峨的群山，湛蓝的海洋，它们是怎么产生的呢？如果我们再往远想想，天上眨眼的星星，闪烁的银河又是怎么产生的呢？是啊，我们会感到困惑，找不到现成的答案，它不像"汽车从哪里来的"这样的问题这么简单。从古至今，有无数的人，其中不乏许多睿智的哲人去思考这些问题，有的问题被人们解开了，有的仍旧是个谜。对世界的认识，从哲学的角度去看，研究者不外乎有两类人，在两条道路上走着。一些人认为不管是星星，太阳，还是小小的飞蛾，都是由我们看不到的万能上帝按着他的思想创造出来的。事物一旦被上帝创造出来之后，就按着原来的样子发展下去了，再也不会改变；而另一些人则认为不管是天上的星星，地下的森林，天上地下的一切都是慢慢发展演变产生的，不是一开始就有的，万事万物都有生有亡。随着科学的发展，上帝的地盘越来越小了，第二条道路上挤满了人。

昨天发生的一切都已成过去，我们把过去的事情叫做历史。人类有它发展的历史，社会有它发展的历史，自然科学也有它发展的历史，我们在历史的发展中寻找故事。在学校，我们会发现，同学们读的数学、物理、化学书里，有严谨的科学原理，简单易记的数学公式，目的在于要学生掌握种种科学知识和解决问题的技巧，往往略去了科学发展的历史过程，忽略了每一个公式、每一个理论后面曲折感人的故事，而发明者或科学家的唯一资料，仅限于在他们名字之后加上一个括号，标明生卒的年代。而另一种书则正好相反，基本上算是历史书，写满了科学家的喜、怒、哀、乐，专写科学家在他们生活的年代里如何工作、如何学习、如何待人。在课堂上，老师把后面这种书叫课外读物。我们这本书，就是这样一本书，它将带着我们退回到200多年前，去寻找两个科学家的故事。他们充满幻想，热爱探索，为人类知识的宝库增加了丰富的内容。他们其中一个是德国的康德（Immanuel Kant，1724—1804），另一个是法国的拉普拉斯（Pierre-Simon Laplace，1749—1827）。也许读者对这两位主人公都不陌生。康德这个名字出现最多的地方，并不是在教授自然科学的教科书上，他更多出现在近代哲学的书籍上，康德不仅写了一些有关自然科学方面的著作，还影响了西方哲学界。法国的拉普拉斯被誉为法国的牛顿，他在天文学、数学、物理学等方面都有较大的贡献。

2. 看星星的大人们

人类对宇宙的探索，开始于遥远的古代。尽管那时的人们衣不蔽体，足不出百里，但仍然对宇宙中遥不可及的、充满神秘色彩的星球进行大胆的猜测。

由于生产、生活的需要，人们开始学习天象观测。从观察日月星辰的运行开始，人类不断积累经验，逐渐加深了对宇宙的认识，提出了许多关于宇宙的设想。开始，人们在神话传说中，表达对宇宙的认识。不管是在我国，还是在国外，在流传至今的神话传说中，我们仍然可以看到古代不同的民族对宇宙最朴素、最幼稚的想象。在我国，我们仍然可以听到"女娲补天"、"开天辟地"和"后羿射日"这些动人的神话故事。"开天辟地"就讲了这样一个故事：

在很久很久以前，没有天地，天地最初只是一片混沌。在这混沌中后来诞生了盘古。于是，轻清者上升为天，重浊者下沉为地，而盘古居于其间。天每日加高一丈，地每日加厚一丈。到一万八千年，便生成了一个广阔高远的天穹和深厚沉实的大地。盘古死后，盘古的头变成山川，两目变成了日月，膏脂变成了江海，毛发变成了草木。

在国外也有类似的神话传说。这些神话传说表达了古代人民朴素的宇宙观。但是，这还不是科学的宇宙观，离科学的宇宙观还有相当长的一段距离。

随着社会的发展，封建社会取代了奴隶社会。但是，科学并没有因为社会的进步而得到蓬勃发展。在西方，在漫长的中世纪，基督教的神学思想统治着科学各个方面。科学只是教会的恭顺的婢女，它不得超越宗教信仰所规定的界限，因此根本不是科学。在这样的环境里，科学家只能谨小慎微地向前。稍有不慎，触动了宗教的教义，不仅丢官，还有可能丢了性命。据说，一位西班牙的国王在参加编制新的星表的时候，讽刺地说，如果上帝创造世界的时候向我请教。那么，许多东西就会创造得更好。仅仅因为这么句玩笑话他便丢掉了王位。从这一例子中，便可见当时宗教的势力是何等强大。

在中世纪的欧洲，教会推崇天文学家托勒密（Claudius Ptolemg，约90—168）的天文理论。托勒密是位希腊天文学家，他继承了古希腊许多天文学家的成果，并加以综合和发展，写下了13卷巨著《天文学大成》，建立了托勒密宇宙体系。但是托勒密的宇宙体系是以地球为中心的，地球静止不动居于宇宙的中央。这个体系现在看来完全不符合实际，是一个主观的、人为设计的体系，可是它却迎合了宗教的思想，宗教的教会普遍认为：人类居住的地球是无所不能的上帝所创造的宇宙中心，日月星辰都环绕地球而运行，都是为照耀地球而存在，这样错误的观点竟然统治西方天文学界1400多年。

　　在社会的实践活动中，天文仪器不断改

进、发展，天文观测数据不断积累，并且更加精确。特别是人类环球航行的成功，在远洋航行中通过天文观测，人们发现，托勒密的地心体系已无法解释许多新的现象，逐渐暴露出它的缺陷。波兰天文学家尼古拉·哥白尼（Nicolaus Copernicus，1473—1543）对托勒密体系产生怀疑，1543年发表了天文学巨著《天体运行论》，提出了日心说。哥白尼的著作几乎包括了那个时代的全部天文学，而且差不多完全重新解释了天文学中的基本问题。在《天体运行论》中，哥白尼提出了一个以太阳为中心的体系，认为地球及其他行星绕太阳转动，用时又在自转，月球则作为地球的卫星绕地球转动，又跟随地球一起绕太阳公转。其实，哥白尼"日心地动"的观点，早在他于意大利学习时就已经形成了，他把自己的观点抄送给当时的一些天文学者。但是由于担心受到教会的迫害，哥白尼踌躇了36年之久才敢出版《天体运行论》，也就是在他去世的那一年，第一版《天体运行论》才与公众见面。哥白尼的日心体系，并不是靠人为的猜测，而是建立在扎实的科学基础之上，他几乎用了36年的时间对他的日心说去测算、校核、修订。

日心地动体系的提出，远远超出了天文学上的意义。它揭示了地球不是宇宙的中心，而仅仅是一颗围绕太阳运转的极为普通的行星。从根本上否定了"地球是上帝有意安排的宇宙中心"的宗教理论，它极大地动摇了人们对教会势力的崇拜。日心说不仅仅只是一次从地心说的改变，它实际上是一场革命，它打破了宗教思想的束缚，从此，自然科学便开始从神学中解放出来，使天文学首先跨入近代科学的大门。

在今天对于学生们来说，地球绕着太阳运行是天经地义的事情，这是因为我们一进入学校便接受了科学教育。可是在当时，这简直就是大逆不道的。日心说的出现，必然要受到保守势力的阻拦，教会感到了巨大的威胁，他们查禁了哥白尼的著作，残害宣传和支持日心说的科学家。意大利思想家布鲁诺（Girdano Bruno，1548—1600）因为热情地宣扬并发展了哥白尼的学说而受到残害。布鲁诺因家境贫寒，从小便被送进修道院做修士。但是他厌恶教会的清规戒律，阅读了大量科学著作。为逃脱教会的起诉，他流浪在西方各国。在流浪期间，他还不断宣传哥白尼的学说。在宣传哥白尼的日心说的活动中，他还进一步发展了哥白尼的学说。布鲁诺认为宇宙是无边无垠的，每一个恒星都是一个遥远的太阳，而我们太阳系中的太阳只不过是千百万个普通恒星的一颗，它并不是宇宙的中心，这是对哥白尼学说的重要发展。布鲁诺由于宣传这些进步的学说，而被教会视为最凶恶的敌人，罗马教廷因此逮捕了他，监禁审讯长达8年之久，布鲁诺仍英勇不屈，最后被教廷烧死在罗马百花广场。临终时布鲁诺临危不惧，他大声对刽子手说："你们宣读判决时的恐惧心理，比我走向火堆还要大得多！"他这种为真理而献身的精神真是惊天地、泣鬼神。

另一位对哥白尼日心地动学说给予有力支持的是意大利物理学家伽利略（Galileo Galilei，1564—1642）。伽利略是一位伟大的物理学家，曾对物理学的发展做出过卓越贡献。1609年，伽利略听到有个荷兰人制造了一架望远镜以后，买来了透镜，经过钻研，也制成了一架。他研制的第一架望远镜的放大率仅为3倍，他感到并不满意，最后，他制成了一架口径为4.4厘米，镜筒长为1.2米，放大率为33倍的望远镜。伽利略制成望远镜之后，马上将其用于天象的观察，当他用望远镜对准月亮后，立刻否定了当时许多人对月亮的认识。按教会的教义，天上的东西与地上的东西截然不同，天体都是完美无缺的。然而伽利略发现，月亮的表面十分粗糙，充满了凹凸不平的区域，还有很多高山深谷，根据观察，他还绘制了最早的月面图。为此，伽利略感到非常兴奋，又把望远镜转向行星。在观察木星的时候，他发现有4个光点在绕着木星转动，这就是木星的4个卫星。在此之前，托勒密学说的维护者坚持认为，所有的天体都只能绕着地球转，木星有卫星这样的情况是绝对不会存在的，但是，伽利略对木星卫星的观测有力地粉碎了这种主观臆断的说法。当他把望远镜对准太阳时，又发现了太阳黑子。他根据太阳黑子的位置而断定太阳本身也具有类似于地球自转那样的旋转运动。

伽利略把望远镜又对准了金星，又对准了银河，又对准了许多肉眼看不到的恒星，伽利略在天文学每一个新的发现，都是哥白尼日心体系的有力证据，都是对教会的有力打击。教会始终不敢面对事实，不承认望远镜中所发现的一切，说伽利略看到太阳黑子是望远镜出了毛病，真是欲盖弥彰。

当时有些人不理解哥白尼的日心地动理论，还有一个原因，因为这些人还有疑问，如果地球是转动的，为什么当我们在家门口跳起来落下的时候，没有站在邻居家的花园里呢？这个问题现在看起来是非常简单明了，可是在当时却使人伤透了脑筋。我们可以举一个小小的例子。一天一个小朋友手里拿着一个红苹果上了公共汽车，并坐在驾驶员的座位旁边，当他把红苹果抛在空中的时候，尽管汽车是运动的，但他根据经验，这个苹果绝不会向后飞去砸在最后一排一个人的鼻子上。在这里，汽车就像是我们居住的地球。在当时，伽利略利用实验证明了惯性定律，说明了尽管地球是转动的，但我们不可能去感觉这样一个道理。

由于伽利略的工作有力地支持了哥白尼的日心说，这激怒了教会，伽利略开始受到教会的威胁，但他没有退缩仍坚持宣传日心说，最终罗马教廷逮捕了伽利略，并残酷折磨他，以至终身监禁。只是为了要说真话，许多科学家做出了极大的牺牲，而正是这些人在科学道路上的前仆后继，才使我们今天的科学成就有了如此伟大的进步。同时我们也能够看到科学仪器的进步对科学理论的作用。俗话说：事实胜于雄辩。望远镜在天象观察上的应用，有力地推动了天文学的发展，否定了许多毫无根据的猜测。

我们在看待一个事件的时候，不能脱离当时的历史条件去评说。哥白尼日心说是一次天文学的革命，但是日心说仍带有明显的局限性。德国天文学家开普勒（J.kepler，1571—1630）是第谷的助手，第谷与开普勒在许多方面都截然不同，因此他们之间关系并不和谐，但共同的事业又使他们不可分离。第谷一生长期对天体进行观测，拥有极为准确而丰富的天文观测资料。在他弥留之际，第谷把他一生积累的大量珍贵的观测资料赠给开普勒，要开普勒完成其未竟事业。开普勒在获得这些资料后，立即全力以赴地投入研究工作。开普勒的一生，也像许多从事科学研究的学者一样，是在极端贫困潦倒的环境中度过。尽管他根本不相信星占术，但也不得不一面从事天文学研究，一面以星占、算命为生。经过努力研究，开普勒总结出了以他名字命名的开普勒三定律。在日心说中，彻底清除了不合理的部分，并使之具有充分的严谨性和规律性。开普勒行星运动三定律还为牛顿万有引力定律的发现开辟了道路。

哥白尼的日心地动说经过开普勒、伽利略等科学家的研究工作取得了很大发展，但是，是什么力量制约着行星，使它绕太阳转动这个问题还未解决，英国著名科学家牛顿（I.Newton，1643—1727）给出了完满的答案。

牛顿是一位伟大的科学家，他在数学、物理学、天文学等方面都有杰出贡献，牛顿由于发现了万有引力定律而创立了科学的天文学，由于进行光的分解而创立了科学的光学，由于创立了二项式定理和积分理论而创立了科学的数学，由于认识了力的本性而创造了科学的力学。虽然牛顿在许多方面取得了光辉的成就，他仍十分谦逊地说：如果说我比别人看得远一点，那是因为我是站在巨人的肩膀上。其实，这位站在巨人肩上的人本身就是位巨人。

牛顿在总结了开普勒三定律以及伽利略的研究成果之后，发现了万有引力定律，并对万有引力定律进行数学上的论证。

牛顿指出，在地球上吸引物体往下掉、宇宙空间中吸引行星绕太阳转、或者月亮转地球转动都是一种力——万有引力作用的结果。牛顿万有引力定律的提出就把宇宙中天体的运动和地球上普遍物体的运动，用同一个定律统一起来，不管是可望而不可即的天体，还是伸手可触的人间，物与物之间都是一样的力的规律在起着作用。万有引力定律的发现，打破了神学上所谓"天之世界"与"地之世界"完全不同的无稽之谈。

  后来，科学家根据万有引力定律计算推断出在天王星之外还有一颗尚未被人类发现的行星，这颗星的发现说明了科学理论对实践的指导意义。通过牛顿的贡献，哥白尼日心体系从此建立在稳固的物理学基础上。

人类认识宇宙的历程，和我们认识其他事物一样，都是从无到有，从浅到深，从知之甚少到逐渐熟悉。到了牛顿时代，由于牛顿力学体系的建立并到达一个比较成熟的阶段，人类对宇宙的认识已从古代神话和传说的主观随意性中摆脱出来，建立了以实验和数理计算为主要手段来研究事物的科学方法。

　　尽管这样，由于当时科学水平的发展还处在比较低的阶段，对宇宙的认识还有许多局限。科学家普遍带着万物不变的观点看问题，认为所有大体系本身都是不发生变化的，即使有变化，他们也只认为或只承认位置上变化的机械运动。

　　因此，他们往往以片面的、静止的和孤立的观点看世界。随着科学的发展和进步，人们

必然要打破这样僵化的体系，打开这个缺口的

第一人就是德国的哲学家康德。

康德的星云说

1. "上帝保佑我们"

康德，这位曾被后人誉为近代最伟大的哲学家的人，却首先在天文学领域里提出了星云起源假说，将完全僵化的思维方式打开了第一个缺口。他曾说过：给我物质，我将用它创造一个宇宙来。也就是说，给我物质，我将向你指出，宇宙是怎样由此而形成的。

康德的全名叫伊曼努尔·康德。1724年4月22日清晨5时左右，康德降生在东普鲁士的寇尼斯堡一个手工艺人的家中。第二次世界大战以后，也就是康德诞生后的220多年，这座位于波罗的海之滨的城市归属前苏联，并改名为加里宁格勒。4月22日这一天，按旧普鲁士历法是圣伊曼努尔节，所以，康德的父母为他取了这个圣经中的名字，含有"上帝保佑我们"的意思。

康德的父亲约翰·乔治·康德是位皮匠，他的母亲安娜·勒吉娜·鲁特是位皮匠的女儿。康德的母亲受过一定的教育，她一共生9个孩子，其中有5个活了下来。在9个孩子中，康德排在第四，而在活下来的5个人当中，他排在第三，有一个姐姐、两个妹妹和一个弟弟。

普瑞格河流经寇尼斯堡市区而进入大海，幼年时期的康德和他的家人就住在离普瑞格河上一座"绿桥"不远的鞍匠街，这条街上住着像康德父亲一样的马鞍匠和皮匠。童年时的康德就在小手工业者和商人之间长大，他从他们身上感受到了勤劳、忠诚以及清教徒般严格的生活方式，他从父亲身上还继承了不怕困境、不怕压迫、热爱劳动等优良的品质。

在康德出生之前，这个家庭已经有两个孩子不幸夭折，幼小的康德也不比他们的身体更好，小时候的康德体弱多病，为了使康德在体力和道德上都得到健康发展，他的母亲竭尽全力照顾他，并想方设法激发他的求知欲和想象力。康德晚年对他母亲在他儿时培育他向善，引导他幼小的心灵热爱自然，启迪他的智慧，仍感谢不已，他认为母亲的教导对他一生有受用不尽的好处，在晚年，他回忆说："我永远不会忘记我的母亲，是她在我的心中植下善的根苗，并使之滋长，是她打开了我的心扉，用得自大自然的观念启发了我的心灵，体验自然的感人力量。她拓宽了我的视野，她的教诲在我的生涯中，对我一生有极大影响。"

2.给自己选定了道路

到了18世纪，西方国家处在激烈的社会变革时期。英国等国已经完成了资产阶级革命，废除了封建制度这一腐朽没落的等级制度这一为产业革命的到来奠定了基础。当时的德国同英国相比，还是一个落后的封建制度的国家，还处于四分五裂的状态中，在政治上和经济上都很落后。即使这样，在德国，封建制度仍受到强烈冲击，新的资本主义的生产关系也在逐渐形成。资本主义生产关系的发展解放了封建制度对生产力长期的束缚，不仅为自然科学提供了新的事实材料和新的实验工具，而且使科学研究领域扩大了。现代自然科学得到了科学、系统和全面的发展。这时除了力学外，物理学、化学、生物学、地质学等一系列研究高级运动形成的学科相继发展起来了，自然科学的研究方法也随之发生了飞跃。它开始从过去分门别类的研究过渡到阐明自然界各个过程的联系，从一成不变地分析现成的事实过渡到考察自然过程的变化和发展。自然科学的发展正在突破原有僵化的框架，给辩证思维的发展开辟了道路。这正是康德诞生时西方社会的历史背景。

　康德从8岁到16岁的9年时间里在腓特烈官立学校就读，由于学习刻苦努力，他的学习成绩非常优异。在腓特烈官立学校中，到处都弥漫着虔诚教派的气氛，学校的宗旨首先是培养学生奉教敬神。学校的学生必须遵守学校制定的校规，如有破坏，学生必受到严惩。腓特烈学校校规非常严格，而且对于学生来说根本没有假日。每天清晨6点以前学生们就得守候在集合地点，必须恭恭敬敬地进行早祷，早祷需要半个小时，每堂课也都先从祈祷开始。康德在拉丁文班上课，学习的主要科目是拉丁文和神学。他的父母殷切希望他们的孩子将来能成为一名牧师，然而康德却被拉丁文老师精彩生动的讲课所吸引，希望将来自己可以做一名古文学学者，而学校中那种教会般的校规打消了他当牧师的念头。

康德晚年回忆这段时光时曾表示，不赞成学校这种教育方法，特别是把繁琐的宗教仪式和聆听教义强加于幼年学生，摧残心灵，形同奴役，每当想起这段往事就惶恐不安。不过，尽管不喜欢学校的环境，康德并未虚度光阴，虽说孱弱的体质妨碍了康德的学习，但是他用聪明才智、极强的记忆力和勤奋来弥补这一弱点。除了毕业考试名列第二外，每年的考试他都名列第一。

1740年，康德16岁中学毕业考进了寇尼斯堡大学，在大学学习期间，康德对物理和哲学的兴趣取代了中学时对语言的爱好。康德的求知欲望非常强，学习也非常努力，他最敬重的老师是克努真教授。克努真21岁就得到了教授的职称。尽管他是一个虔诚的信徒，但是对英国自然科学的成就极感兴趣。他在大学中讲课的范围很广，涉及哲学、数学和自然科学，是位学识渊博、勤恳善良的教师。在克努真教授那里，康德第一次听到了牛顿的名字并接触了牛顿的学术思想，阅读了许多克努真教授的藏书。在克努真教授的影响下，从大学四年级康德就开始独立地撰写物理学著作。非常可惜的是，对康德精神世界发展有着重大影响的克努真教授在37岁时便英年早逝了。

在大学学习期间，康德就选择了自己今后的人生道路，在他写的第一部著作的前言中，他就用名人名言作为书的开场白："不要重蹈前人的覆辙，而要走你所应该走的路。"这正是年轻的康德心灵的表白，这时的康德已经立下志向，一生从事科学研究并从事教师这一职业，希望在思想上走一条与前人截然不同的路。他怀着自己将会在学术上有所创造、有所作为的勇气开始漫漫人生的求索。满怀理想、对未来充满憧憬的康德谈到："我已经给自己选定了道路，我将坚定不移。既然我已经踏上这条道路，那么任何东西都不应妨碍我沿着这条道路走下去。"从这铮铮有声的话语中，我们也可以看出康德坚定的决心，任何权威有碍于揭示真理，他都会勇敢地把它抛弃。

康德13岁时失去了母亲，22岁时又失去了父亲，艰苦、贫困的生活一直困扰着康德。生活的窘迫使康德经常中断学业，他不得不靠有钱同学的资助，遇到困难时只好接受他们在物质上的接济。贫困的生活并没有压垮康德，而是使他养成了勤俭节约、精打细算的生活习惯。

康德几乎没有几件像样的衣服，有时必须外出的时候，他便将自己的旧衣服送到裁缝店缝补一下，有时借用同学的衣裤和皮鞋，而这时他的同学就只好整日待在家中，等待着他把衣服、皮鞋用完再还回来。有时他的衣服破旧得实在不能再穿了，他的几个要好的朋友便集资为他买一件。尽管生活非常艰苦，可是却阻挡不了康德对知识的热爱。康德节衣缩食省下的钱购买了大批哲学和科学书籍，常常借给同学、朋友阅读。面对贫苦的生活，康德常用一些格言来激励自己："要使财物受你的支配，而不要使你受财物的摆布"、"不要绕着困难走，而要迎着困难行"，表现了乐观豁达的精神。

康德在大学学习了7年之后，他没有参加博士论文的答辩就离开了他的故乡。他一边担任家庭教师，一边仍根据自己的兴趣做一些研究工作。从1747年离开大学到1755年的9年间，他给3个家庭当家庭教师，但离家乡寇尼斯堡都不远，在东普鲁士的3个偏僻的角落。起初，康德在一个村庄里教村里牧师的3个儿子。在这个村庄里，大部分老住户由于几年前一次鼠疫暴发之后所剩无几，而从瑞士迁来许多新的移民。康德在当家庭教师期间看到不同民族的孩子非常友好地相处。康德在离开这位牧师家之后，又先后给一个大地主和一位伯爵的孩子做家庭教师。

康德在这些穷乡僻壤做家庭教师，不仅取得了宝贵的教学经验，还获得了丰富的生活阅历，在与各种人物的接触过程中，观察了人们的生活、同时熟悉了社会各阶层人士的心理。

由于有充裕的时间读书，这为其后来的学术活动打下了坚实的基础。

在辞去家庭教师的工作之后，康德连续撰写了许多论文，其中大部分是关于自然科学的。康德把做一位大学教授作为自己的理想，而要想在大学里授课，关键是取得学位。因为大学毕业后康德没有参加博士学位的答辩，而没有获得博士学位，这成为他取得大学授课资格的障碍。1755年6月，他以一篇物理学论文《论火》而获得博士学位。授予学位那天，学校举行了隆重的学位授予典礼，在典礼上，康德用流利的拉丁文做了演讲。

在取得学位之后，还必须再进行一次论文答辩才能获得授课的资格。可见当时大学对教师素质要求的严格。在答辩那天，学校公告栏里写着："经哲学系批准，哥尼斯堡的伊曼努尔·康德博士，于1755年9月27日从八点至十二点在本系当众进行为取得在本系执教资格的论文答辩，论文题目是：《对形而上学认识论基本原理的新解释》……"

答辩会如期举行，康德顺利通过，被授予讲师职称，但这只是一个编外的讲师。所谓编外教师，就是没有正式的编制，没有校方或国家发给的固定工资，而讲课的报酬则完全由听课的学生负担。如果有正式的教师退下来，有了空缺，经申请批准，才可将编外的名额转成正式名额。

取得讲师资格不久，康德便如愿以偿登上

大学授课的讲台。那时上课与现在不完全一样，由于大学中教室有限，所以许多教师都在家中授课。康德自己没有房子，他当时住在一位教授的家里，教授家里有一间屋子可供学生上课用。康德上第一次课，听众非常多，屋子小容纳不了，有些学生只好站在阶梯或走廊上听讲。第一次面对这么多学生讲课，康德显得有些紧张，直到上第二节课才镇定下来。自此，他在讲台上一站，就站了41年。

讲课占去了康德几乎全部工作时间和精力，但是却使康德的生活稳定下来并有了保障。康德每天的课程都排得满满的，他每周的课时最少时有16小时，而最多时高达28小时，从他的课表中我们可以看出他有多繁忙。上午从8点到9点——逻辑学，从9点到10点——力学，从10点到11点——理论物理学。下午从2点到3点——自然地理，从3点到4点——数学。

康德每天授课安排非常紧张，而且从他授课的科目和内容上看，我们完全可以感到康德学识的渊博，他讲授的课程几乎包括所有的知识。他讲过的课程有数学、物理学、天文学、自然观，人类学、自然地理学、逻辑学、道德哲学、自然神学、教育学，另外还有历史、哲学大全，据说他还讲过要塞建筑术和火药制造术。

康德虽然有极强的记忆力，但是对学生只会死记硬背，不求甚解的学习方法深恶痛绝，他要求学生掌握活的知识，因此，康德在讲课过程中注意用启发式的教学方法来改正学生们只顾记诵的恶习。康德讲课深入浅出，生动活泼，他常对学生说："在我的身上，你们不会学到哲学，而只学到如何用哲学思考，学不到背诵的知识，而只学到如何思考。你们要为自己去思考，为自己去研究，更要有自己的见解。"康德不仅教导学生学知识要融会贯通，而且自己在学习时也是这么做的。正是康德掌握了正确的学习方法，才能把书本上的知识转变为自己头脑里的知识。即使在200多年后的今天，康德这段感人肺腑的话语仍然可以作为学生学习方法的指南。

康德对工作充满热情，其授课内容引人入

胜，究其原因，一是源自他对教师工作崇高的热爱，二是他有正确的教育观。康德认为，人的成长需要管理的技巧和教育的技巧。只有这两点结合得好，人才可以正确发展。他说："人只有受过教育才能成为一个人，人是教育的产物。"所以教育工作是他希望终身从事的职业。康德的教育观点受到法国启蒙思想家卢梭（Jean-Jacques Rousseau，1712—1778）的深刻影响。1762年，康德读到了卢梭写的关于教育的一部小说《爱弥儿》，这部书强烈地吸引了他，以至于平时户外散步的习惯也被打破了，一连几天，阅读占去了康德的全部时间。卢梭的著作给康德带来的最大益处，就是使他摆脱了书斋学者的许多成见。他说："我自以为我的求知欲极为强烈……有时我想。一切将给人类带来荣耀，因此我鄙视那些知识极端贫乏的庸俗之辈。卢梭纠正了我这种看法。炫耀自己的特长这种心情消失了：我学会了尊敬人。"

康德从小在教会学校中受到了严酷的管束，他极为厌恶呆板毫无生气扼杀儿童天性的教育方法，因此，他极为推崇卢梭"把人从社会习俗和社会道德的束缚中解放出来，任人健康自由发展"的思想。他反对采用强硬手段改变孩子的意愿，提倡引导他们的想法，真正的教育应该培养和创造适应未来发展的人才。即使在大学，康德传授知识的对象是已经通过了初级教育阶段，有了一定基础知识的成熟青年，他在讲课时也力求浅显易懂。如果有人听不懂，他就停下来，再从头讲起。他说："我不是为天才讲课，他们利用自己的才智会给自己闯出一条道路来的；我也不给白痴讲课，因为他们的无能而不值得花这么大的气力；我是为那些中等水平并想要把自己培养成为将来能胜任工作的人讲课"。他是针对中等接受能力来讲课，在讲课时，康德经常引用生动而又说明问题的材料，穿插一些机智、风趣的妙语来解释那些难懂的段落。

自然地理是康德最喜爱的一门课程。他说：地理是历史的基础。尽管康德一生没有离开过普鲁士，但是他通过各种各样的渠道汲取知识，查阅各种资料，浏览对一些国家尽可能详细而可靠的描述。这些弥补了没有身临其境的缺憾，在讲课时，他依靠极强的记忆力，和丰富的想象力，生动而准确地为学生描述异国的风土人情、地理环境，仿佛真的驻足在异国他乡的土地上。虽然康德未曾离开过普鲁士，但是他却似乎已经漫游了环球，远涉重洋，跨越荒漠，在林中漫步，在江边观鱼。康德一生从未见过高山，然而在授课时却能对高山峻岭作出引人入胜、出神入化的描写，好像真的攀登在人迹罕至的峰顶。

康德一位学生的回忆，给我们留下康德的鲜明形象。他说："我常常怀着感激而兴奋地心情回忆起我年轻时同一位睿智哲人的相处，对我来说，他是一个真正充满人性的老师，他具有乐观的情绪和朝气，他那广阔的有如为才思而生的前额打上了开朗豁达的痕迹，思如涌泉的动人语言从他的唇际溢出。他诙谐，幽默，而在人们大笑时他则能保持严肃。他的课有如愉快的谈话。他对名人进行评价，他提到这些人名字的唯一目的在于唤起听众对真理的向往，对人类幸福的崇高激情，对伟大而美好事物的渴望。他的心灵生活在听众之中。"

3. 打开第一个缺口

17世纪，许多自然科学家都相信上帝创造世界的传说，但是也有一些科学家则坚持认为，天体是自己生成的。在康德之前，法国的哲学家笛卡儿就曾提出过一个设想，认为宇宙在初始状态时，是一片混沌，物质微粒漫无秩序地运动，在混沌中产生了物质的漩涡，逐渐形成太阳、恒星、行星和彗星。他的设想含有宇宙发展的观点，但是缺乏科学观测上的任何认证。

英国学者赖特也曾提出一种银河系统的设想。他认为银河系的形状有如一个扁平的盘子。他还认为，宇宙中有无数似银河系的恒星系统，犹如在汪洋大海中有无数岛屿一样，他称之为"岛宇宙"。这个概念在天文学上一直沿用至今。康德曾经说过，赖特的理论给他很大的启发，是赖特的理论首先启发了康德不把恒星视为杂乱无章的东西，而是把它们视为与行星系很相似的一个系统。

法国博物学家布丰提出一个天体起源假

说。他认为，地球和行星是巨大的彗星与太阳发生猛烈的碰撞后产生的碎块形成的。在那个年代，人们普遍认为彗星是质量巨大的固体，它闯入太阳系时，并无一定的规律，因此，完全有可能与太阳发生碰撞。但是现在看来，彗星的质量很小，即使与太阳发生碰撞，就如同一粒沙子落入大海，绝不会产生任何碎块而形成行星。布丰的行星起源理论是完全凭空想象产生的，不符合科学事实。

尽管在康德之前曾有一些学者、哲学家或者科学家试图以自然形成的观点去描述宇宙，但是他们的工作都还比较简单，还不能形成系统和科学的理论。

1754年，康德发表了一篇探讨地球自转问题的文章，提出了地球的自转由于潮汐的摩擦作用而减慢的假说。他认为由于受到月球的影响，海潮由东向西运动，而与地球旋转方向相反，因而阻碍地球运动的速度。

这篇文章是根据普鲁士科学院悬赏征文的题目写的，征文的目的是探讨地球生成以后在自转过程是否会发生某种变化。奖金最后落到了一位神父手中，他的结论正好与康德所作出的相反。从现在角度来看，康德得出了正确结论，尽管康德的计算是错误的，但是他的思想却是对的。这一假说已经挣脱了形而上学僵化的自然观，含有天体是发展变化的思想。

1755年，康德出版了《自然通史和天体论》，这是一个比较简洁的称呼，其实他的著

作的全名是《关于诸天体的一般发展史和一般
理论，或根据牛顿原理试论整个宇宙的结构及
其机械起源》。就是在这部著作中，康德提出
了星云起源的假说。

《自然通史和天体论》包括3个部分和一
个前言。为了让我们对这个星云起源假说有一
个一般的了解，我们来看一看康德的基本思
想。

在前言中，康德描述了自己的想法。他
说："我选择的这样一个题材，不仅内容根
深，而且涉及宗教……但我并不胆怯，所
有这些阻力之大我都能感到，但我并不沮
丧。""每当我前进一步，看到迷雾四散，我
就热情倍增。在那朦胧的迷雾后面，好像隐藏

着一个伟大庄严的形象。""勇于继续探索的人将登上这个新大陆,并以用自己的名字来命名它为快。"在困难和压力面前,康德表现了勇往直前的精神。

康德试图只用力学规律来说明宇宙体系是怎么从它最原始的状态发展起来的。对宇宙的这种唯物主义的理解,使康德从古代的唯物哲学家那里吸取了许多宝贵思想,找到了历史上的哲学依据,但是康德没有只停留在过去,而又有新的创造和发展。康德完全采用了牛顿力学体系,但是,和牛顿单纯强调引力作用不完全一样,他还用了引力和斥力这一对互相联系,互相对应的力来说明天体的运动和发展。康德说:"我十分谨慎地排除了一切任意的虚构。我在把宇宙追溯到最简单的混沌状态以后，没有用别的力，而只是用引力和斥力这两种力来说明大自然的有秩序的发展，这两种力同样确实、同样简单，而且也同样基本和普遍。"

康德假定整个宇宙的物质都处于普遍的分散状态，并由此造成一种完全的混沌。他根据引力定律看到物体形成，又看到斥力改变物体的运动。他说："我不需要任意的虚构，只要按照给定的运动定律，就可以看到一个秩序井然的整个系统产生……我每前进一步，我的信心就越是增加，而我的胆怯也就完全消失了。"按照康德的话说：给我物质，我就用它造出一个宇宙来！

在书的第一部分，康德回顾了开普勒和牛顿在天体力学方面所取得的成就，探索行星系统运行的规律性，进一步又论证了遥远的恒星系统，指出恒星都是炽热的太阳，而且都是类似太阳系的天体系统的中心，康德认为，恒星并不运动只是一种表面现象，之所以我们看到恒星静止不动，这或者是由于它们离星体公转的共同中心太远因而其运动显得特别缓慢，或者是由于离开观察地点太远而看不出它们在运动。事实上，恒星也和行星一样，环绕银河系的中心运动。

　　康德还进一步指出，用望远镜观测到的某些椭圆形的"星云"，是和我们银河系一样的恒星系统，因为它们从侧边斜对着我们的视线，看起来就像一个个发亮的椭圆形星体。

地球在宏大的行星世界里好比沧海一粟，而在无限的宇宙里，恒星世界又多得不可想象。宇宙是无限的，无边无际的。

康德在写此书的时候，科学家已知的有6颗行星：水星、金星、地球、火星、木星和土星。根据行星偏心率随距离增加这一规律，康德猜测，在土星之外可能还有一些未知的行星。在他生前发现了天王星，19世纪发现了海王星。

第二部分描述了天体和宇宙的形成，这是全书的重点。书中，康德提出了他的设想，即怎样从原始星云当中形成了太阳系。

康德假定，在那无比遥远的过去年代，宇

宙空间充满了细小的物质微粒，它们分散，密度很小，却在不停地运动着。密度大而分散的一类微粒，凭借引力从它周围的一个天空区域里把密度较小的所有物质聚集起来，但是这个聚集起来的物质又聚焦到密度更大的质点所在的地方，而所有这一切又以同样方式聚集到质点密度更为巨大的地方，而且这样的方式如同滚雪球似的一直继续下去，逐步凝成大的团块。团块在运动中经常发生碰撞，有的碰碎了，有的则结合成更大的团块。经过不断的凝聚过程，星云物质的引力中心就形成了太阳，太阳系的中心天体——太阳就是这样产生的。太阳因聚集了大量物质而成为行星系的主要部分，康德认为，起初它还没有燃烧的火焰，只是在它完全成形以后火焰才在它的表面上突然产生出来的。

在引力吸引的同时，还有一种与引力相反的力，就是斥力，它阻碍微粒朝一个地方聚集，使得向引力中心下落的微粒，从直线运动向侧偏转。所以垂直下落运动变成围绕中心的圆周运动，变成一个巨大的旋涡。在旋涡里，微粒或者团块继续相互碰撞，结合在一起，速度较小的，抵抗不了中心天体的引力，就落在中心天体上，像我们这个星系的太阳，并把动量带给太阳，使它产生自转。一部分速度足够大的，继续做圆周运动，形成了转动着的扁的云状物。云状物中较大的团块以后就凝聚成行星。

行星又在斥力作用下开始了它自己的自转，生成较小的圆盘。这整个过程在小一号规模上重复着，终于生成卫星系统。比如，地球这一个行星在这一过程中在小一号的规模上进行，又形成月亮。月亮是地球的卫星。

　　康德还进一步阐述，行星的不同密度和质量是怎样生成的。作为引力中心的太阳，总是把较重的团块吸引到周围，而较轻的则在离中心较远的地方运动。因此，康德认为，离太阳近的行星的密度比离太阳远的行星的密度大。康德认为，水星、金星、地球等离太阳近的行星要比木星、土星的密度大。在康德那个时代，只发现了水星、金星、地球、水星、木星、土星6颗行星，康德这个假设是对的。

在质量方面，也出现了一些规律性，康德认为，太阳可以把行星系统轨道平面以外的几乎全部质点吸引过去，它必然要比圆环所形成的诸行星全部质量大得多。在行星相互间，离太阳近的行星，由于受到太阳巨大引力的制约，不可能形成很大。而对于离太阳较远的行星来说，不但太阳引力较小，而且它的物质来自半径较大、宽度也较大的圆环，因而质量要远比太阳附近的行星大。比如，木星质量是地球的318倍，而土星质量是地球的95倍。在太阳系中，太阳的质量最大，太阳的质量是地球的33万倍。

康德用他的理论分别阐述了行星系统的各种状况。对于土星的光环。康德认为是那些还未形成土星卫星的微粒组成的。

康德将其由原始星云形成太阳系的理论推广到恒星世界去。他推论，满天的恒星必然各是自己的行星系统的中心，犹如我们的太阳系一样，而我们看到的巨大的恒星系统——银河系，也是由于相同的力学规律形成的。康德甚至推断出银河系也有自己的中心，众多恒星也正绕这个中心旋转。康德预言，宇宙间天体正不断生成，又不断毁灭，千千万万个太阳不断地燃烧起来，又不断地熄灭，宇宙正处在生生不息的发展变化之中。

世界不是瞬间形成的，而是一个永恒的过程，这种过程一旦开始，便不会停止。运动是物质存在的形式，旧的世界在不断毁灭，新的世界在不断诞生，不论是极端微小的构成物还是复杂万端的构成物都在不断地产生和消灭。我们存在的太阳系既然已经产生了，并已经到了壮年，它也会衰老，最后消亡。

《自然通史和天体论》的第三部分是对"不同行星上居民进行比较的经验"。在18世纪，有些人不怀疑在其他星球上有人居住，甚至有人认为太阳上也有居民，他们全然不顾太阳有如此高的温度，会把它上面的任何东西都烤化。康德确信宇宙中存在着有理智的生命，即使现在没有，但总有一天会有。但是，他认为并不是每一个星球都住着人类。正像地球上往往有不宜于居住的沙漠一样，宇宙中也有不宜于居住的星球。康德认为，地球上的居民也不是最完善的人类，引起康德兴趣的问题是距太阳远近会在多大程度上影响到生物的思维能力。他设想，如果金星上存在人类的话，地球和金星上的居民如果互相交换居住地点，就不能不造成双方的死亡。组成地球上居民身体的物质，是与它和太阳的距离相应的受热程度相适应的，也就是说与一定温度相适应的，在受热更大的条件下，人的机体就会枯干和挥发。而金星上的居民，他们粗笨的体格和身体各部分的迟钝，需要太阳给他们更多的热量，因而，在较冷的天空地区，他们也许要冻僵，以致丧命。康德设想，木星的居民与地球居民不同，他们的身体应当由更轻巧、更灵活的物质组成。以便太阳给它微弱的热量，就能使他们的身体像在离太阳较近的地方那样有力地活动起来。

康德根据自己的设想，引出一个普遍规律：行星离太阳越远，各种不同行星上居民的构成物质就越是轻巧和纤细。他还得出另一个规律：能思维的生命，他们住的地方离太阳越远，他们就越高级、越完善。显然我们居住的地球处在中等地位。我们既嫉妒土星上的人类比我们完善，又会对于水星上的人类比我们低劣而满意。

现在我们已经知道，在太阳系的其他行星上，并不具备高级动物生活的条件。但是，在这茫茫宇宙间，一定会有适合人类生存的行星，地球上的人类绝不是唯一的大自然的产物。

　　1755年，康德出版《自然通史和天体论》的时候，还没有名气，而且这本书还是匿名发表的。这本书出版后命运不佳，它的出版人破了产，仓库被查封，因此该书只出了一版就销声匿迹了，因此当时它在学术界的影响并不是很大。但是它却有着很深的革命意义。恩格斯曾经说过，康德关于目前所有的天体都从旋转星云团产生的学说，是从哥白尼以来天文学取得的最大进步，认为自然界是由上帝创造的那种观念，第一次被动摇了。

　　直到50年后，法国天文学家拉普拉斯出版了《宇宙体系论》，提出了相似的星云起源假说，康德的学说又被人们记起，才在1799年再版了《自然通史和天体论》，引起了广泛的注意。

康德所处的那个时代，所掌握的太阳系的知识是非常不够的，对于恒星世界的研究，那时也只是刚刚开始。在这样的知识基础上，康德就提出了太阳系起源和演化的理论，是很不容易的。康德的星云起源假说，仍存在着许多局限，对某些现象能够做出很好的解释，对另一些现象则不能解释，还有一些假设则是错误的。从我们今天所达到的科学水平看，康德星云起源假说自然解释不了太阳系许多结构和运动的特征，同时也不可能完全解释太阳系的演化问题。科学总是随着时代的进步而进步。在今天，尽管我们掌握的科学知识比起康德的时代是大大进步了，但太阳系、宇宙星云的起源和演化的问题远还没有最终解决，还需要科学家的继续努力。

4.像钟表一样准确的会计师式的生活

前些日子，读到一篇关于康德的文章。文章讲述了一位研究康德哲学的学生，他出生在中国北方一个小小的村落，在那一片红色海洋的20世纪70年代，他的父亲，一位好学的农民，身上衣服还补着补丁，手上还长着厚厚的老茧，居然在公社的破旧书店里，花了四角五分钱购买了一本康德的《宇宙发展史概论》（《自然通史和天体论》的中译本）。当他看到康德这本描述星云起源的书时，还只是一个12岁的少年。他完全被书中的描述迷住了，对遥远星空的思考，给他打开了一扇奥妙无穷的知识之门，康德深深地吸引了他。一位西方伟大的哲学家与一位中国乡村少年居然发生了如此巨大的联系，以至影响了他一生，这也说明了康德的魅力。

康德是一个思想的巨人，一个知识渊博的学者，人们可能会以为康德是一位身材魁梧、相貌堂堂的人。其实像许多世界伟人一样，康德也是一位身材矮小，身体瘦弱的"小人物"。康德的身高只有157厘米，以现代许多找对象只看身高的女子的观点，康德只能算"一等残疾"。可是，就是在这位"小人物"身上，却产生出如此气势磅礴、深邃宏大、影响全球的理论来。

康德一生下来就显得先天不足，经常生病。有人看到康德这么弱不禁风，曾预言他将短命，而且不会有大的作为。为了能够健康愉快的生活，工作后，他给自己制定了一套严格的作息制度，而且几十年里始终不渝地坚持，并收到了异常满意的效果，后来很少生病，度过了漫长而充满创造性的岁月。制度的制定并不难，难的是一辈子都按着自己制定的制度执行。这反映了康德具有坚韧不拔的毅力。

康德的生活起居十分规律，据说邻居可以根据他做保健散步经过自家门前的时间来对表。但是，有时也出现一些差错，当他读法国启蒙思想家卢梭的作品《爱弥儿》的时候，他被卢梭作品文笔的优美，内容的丰富所吸引，从而打乱了他的时间表。

据说开始时，康德并不是一个守时的人。康德有位朋友叫格林，格林是一个英国商人。他是一个务实的人，他教会康德要严于守时。曾经流传着这样一个故事。有一次他们说好在第二天早晨8时乘格林的马车到城外做一次旅行。差5分8点，格林戴上帽子提起手杖，从楼上下来，8点的钟声刚一敲过，他便乘马车飞驶而去。他在普瑞格河的一座桥上遇到气喘吁吁赶来的康德，竟然不顾康德的大声呼喊扬长而去。康德记住了这次教训并很快养成了准时的习惯。

康德与格林的相识，也是一段颇为有趣的故事。据说美国独立战争时，一天康德散步遇到一位朋友和一位素不相识的陌生人，他们在一起谈论当时的政治形势，康德热烈拥护美国人的斗争，坚决反对英国人。那位素不相识的人自称：作为英国人，感到自己受到了侮辱，要求康德向他赔罪，并进行决斗。康德有"武器"，他的武器不是枪，也不是剑，他的武器就是思想和语言，它比剑刃更锋利，比枪弹更有力。康德面对这种僵局仍然很镇静，继续谈论，坚持自己的立场，态度客观、实事求是，这个英国人被说服，伸出手请求康德宽恕。这个人就是格林，后来成为康德的好朋友，并把这一友谊保持到老年。

　　所有熟悉康德的人都说他是一个善于交际和通情达理的人，他不仅知道工作，而且也善于休息和消遣。有一阵子格林患脚病不能外出，只能常常坐在安乐椅上。有一天下午，康德又来到格林家，想找这位老朋友谈天说地，只见格林正在安乐椅上睡觉，他没有惊醒格林，便坐在一旁沉思，不知不觉，他也睡着了。不一会儿又来了一位经常来访的老朋友——银行家鲁夫曼，他看到格林与康德睡得正酣，于是不声不响地坐下，一会儿竟也睡起觉来。最后他们的另一个朋友莫德比来了，他看到这3个人都在呼呼大睡，不禁乐了。于是，他唤醒这3个人，开始兴致勃勃地攀谈起来。

尽管康德到了晚年时生活有了好转，但是仍然保持着年轻时的秉性，过着简朴的生活。

一次，由于邻居家有只公鸡啼叫不止，使他不能集中精力思考问题，他要主人杀掉公鸡，多少钱他都肯付，可是主人却怎么也难下手。康德无奈只好搬家，在搬家前，他开列了搬家的清单，财产不多：墨水瓶、蘸水笔、刀子、纸张、手稿、书籍、鞋、皮大衣、帽子、睡裤、餐巾、桌布、毛巾、盘子、汤盆、刀叉、盐罐、玻璃杯、烟丝、烟斗、茶壶、茶叶、糖、刷子。可以看到，非常简单。

康德在生活中有一个特点，宁愿生活得简单一些，也不愿负债而受到精神上的压力，他认为自己非常荣幸的事就是生平没有欠任何人一分钱。虽然他生活节俭，但他并不吝啬，有一次，他知道一位自己教的学生生活很拮据，他便把大部分的薪水送给这位学生，而仅留下少许钱来支付房租。

尽管康德在讲课时仍教授自然科学的知识，但是到1755年以后，他的兴趣开始转向了哲学，并把他的大部分时间和精力用在了哲学上。可是在1755年，康德还做过一个与地震有关的实验。1755年末，里斯本遭到了地震的巨大破坏。地震本来是常有的事，可是这次地震毁灭了里斯本这个当时繁荣昌盛的欧洲大都市。幸存者怀着极端恐惧的心情回忆当时的情景。"大海突然沸腾起来，巨浪冲上堤岸、有的船只则被抛到岸上，摔得支离破碎。王宫被洪水冲垮，转眼之间就被淹没。美丽的都市变成惨不忍睹的废墟。连作为崇敬上帝之所的教堂，也像纸牌搭起的房子一样化作瓦砾。顷刻间，成千上万人死于非命，成千上万的人无家可归。"

许多年之后，人们回忆起当时情景的时候还胆战心惊，瑟瑟发抖。面对如此恐怖的自然灾害，人们议论纷纷。创造天和地的上帝，虽然被虔诚的教士们描绘得那么智慧无边，无所不能而且心怀善意，然而上帝并不是慈祥之父，它使年轻的心灵受到伤害，使无辜者、圣人和罪人一起遭到毁灭。人们不禁要问，那些毫无意识、吃奶的婴儿又有什么罪过呢？那些忍辱负重、行善一生的老人又有什么错呢？

康德的注意力被这次灾难所吸引，他发表了两篇文章并出版了一本小册子来阐述自己的观点。困惑不解的人们十分希望对这次地震可以获得满意的解释。他们关注各方人士对这次灾害的不同评论。康德的小册子没来得及装订成册，就印出一页卖掉一页，他从博物学家的角度来阐明自己的观点。他认为大地在摇动，房屋在倒塌，这些恐怖的现象并不是上帝所为，而是大自然的"创作"。他强调地震是由于自然原因引起的。

康德自己做过一个实验，并建议读者也做一下这实验。把13千克的铁屑和13千克硫黄加水混合起来，并埋入地下30厘米，把表面压实。几个小时后，热气就会从土中上升，地表就会产生震动，从土中将喷出火焰。他用这个实验来说明这场自然灾害的原因，同时说明这

样的事情并不是瞬间发生的，而是经历了一个
长期的自然过程。所有的一切都在人们不知不
觉中发生着变化，积蓄着力量并在一瞬间暴发
出来。

康德认为这种震动并不是到处都要造成破
坏，而在一些地方甚至带来好处，为此，康德
在小册子上还写了一章：《论地震的益处》。
比如，地震可以产生天然的温泉，其中含有许
多矿物质，对人的身体有许多好处。

在研究哲学的空余时间，他还保持着对天
文学和天体力学的兴趣，还写出《论月球上的
火山》和《论月球对气候的影响》等文章。寇
尼斯堡的第一个避雷针与康德的名字也有联
系。在1774年，一座教堂被雷击毁后，市政府

向大学咨询怎样避免重遭灾难的意见。人们把问题转给物理学教授罗伊施，希望他联合有关的专家和哲学家一起来解决。罗伊施教授推荐了康德。康德在给罗伊施的回信上写了自己的一些想法，他说："我只是特别提醒你注意这样一点，排水装置必须只是用来清除塔的金属覆盖层上的天然物质，而不是用来从雷雨去中吸取自然物质。因此，它应该造得没有尖并且固定于一支杆和一些铜板上。"大家对地线问题争论不休；是把地线置入土地里还是把它拉到邻近水池里。准备工作对于人们来说是非常漫长的，共用了10年。1784年，这座教堂终于在尖顶上树立起了避雷针，而这10年间，教堂又遭受了一次雷电的袭击。

1804年2月12日，康德停止了呼吸，星云起源假说的提出者离开了人世。思想家的大脑不再思考了，但是他的思想精华却永远地留存下来，成为人类宝贵的知识财富。

　　在1799年，离他逝世还有5年，康德就已经安排了自己的安葬问题，和生前节俭的习惯一样，他要求自己的安葬尽可能从俭。希望在死后的第3天安葬，只有他的亲人和朋友参加，安葬在普通的墓地上。

　　没有想到，结果却是另一种情形。全城的人都来与康德告别，在16天的时间里，全城哀悼的人们络绎不绝地前来瞻仰死者的遗容，来看一看给他们的城市带来荣誉的学者的遗容。2月的天气还非常寒冷、为了防止遗体腐烂，康德的遗体停放在冰冷的客厅里。在2月28日安葬那天，24名心情沉重、身体魁梧的大学生抬着灵柩在整个送葬队伍前面缓缓而行，后边紧跟着驻防军军官团和几千名居民。大学评议委员会在大教堂前迎接送葬的队伍，教堂的钟声凄楚地响着，却没有一名神父参加葬礼。

康德的灵柩被掩埋在大教堂北侧的教授墓穴中，墓前有康德半身的雕像，上面刻着两行诗：

在这里，伟大导师将流芳百世。

青年人啊，要想想怎样使自己英名永存！

伟人逝去，他没有婚姻，没有留下一男半女，但是他却把光辉的思想留给了全人类。

拉普拉斯的星云说

1. 显露才华

在康德的《自然通史和天体论》发表近50年之后，也是康德星云起源假说默默无闻近50年之后，1799年，法国的天文学家、数学家拉普拉斯独立提出了与康德星云起源假说相似的星云起源假说，出版了《宇宙体系论》。由于拉普拉斯享有很高的学术威望，《宇宙体系论》出版后，受到社会的重视，很快得到了公认。拉普拉斯的星云说又使人们想起了康德，想起被人遗忘的《自然通史和天体论》，人们又开始再版康德的书。因此，人们将这一理论用他们两人的名字命名，叫做康德—拉普拉斯星云假说。于是，这样的一个理论，就有了两个主人。尽管这一假说把他们两个人的名字联系在一起，可是他们在性格和为人处世方面很少有相似之处。

1749年3月23日，拉普拉斯生于法国诺曼底地区的博蒙昂诺日，对拉普拉斯的身世众说不一，不知是出于谦逊，还是出于有意的安排，围绕着拉普拉斯青少年时代的是一片雾般的朦胧。关于他的父亲，有的说是一个教区的官员，兼做苹果汁生意；有的说是农场主；还有的说是当地一个毫不知名的农民。但是不管怎样，小拉普拉斯已经健康安全地来到人世间这一点是毫无疑问的，"我来了，并为后人所知"是最重要的。

据说，由于拉普拉斯渴望得到公众的尊重，他一直因为自己的出身，为他卑微的父母感到羞耻，并竭尽全力隐瞒他的农民出身。也许这不是真的，也许是有人因忌恨拉普拉斯而编造的谎言，如果真是这样，我倒不是因为他的农民出身而感到羞愧，而是因为他卑鄙的虚荣而感到羞愧。可见，不是所有有成就的人、不是所有的科学家都有着优秀的品质。

拉普拉斯有一个比他大4岁的姐姐，在他家的近亲中未发现有名气的知识界人物，除了叔父路易。他是一个数学家，还是一个未被正式任命的神父，可是在拉普拉斯10岁时，他就辞世了。

拉普拉斯在乡村学校就读时就已显出非凡的才能，特别是在数学方面。据说，他的记忆力更是非凡，比他的数学才能更能引起人们的注意。他在一次神学辩论会上战胜了对手，而得到村中富有的邻居们善意的关心。

16岁以后，拉普拉斯念完中学，进入大学。按当地的习俗，学生们中学毕业后一般要到教堂或军队工作。家里人准备让他到教堂工作。可是，1766年，他考入卡昂大学艺术系，后转到神学系，准备完成学业后做一名教士。为了发挥自己的数学特长，也因为大学中两位教师的启发和鼓励，拉普拉斯放弃了在大学上学的机会。18岁时，他带着一封推荐信只身前往巴黎，他对自己的未来充满自信，他对自己力量的估计是很高的，但不过分。他怀着有充分理由的自信闯入巴黎，去征服数学世界。

当时的法国正处于路易十五的统治之下，由于资本主义的影响，专治的王权已日趋衰落。资产阶级的势力不断壮大，他们对许多阻碍经济发展的制度强烈不满，代表资产阶级利益的启蒙运动蓬勃发展起来，他们抨击专制王权，传播科学知识，宣扬民主、自由、平等。法国封建制度陷于严重的危机。

启蒙运动的中心在法国，并影响到全世界，启蒙运动的思想家们最初用自然神论、最后用无神论来反对上帝和宗教，矛头直指腐朽的专政制度，直指路易十五统治下的法国。他们勇于为真理和正义而斗争，他们甘冒身陷图圄、逃亡异国的危险，不惜遭受种种苦难，为彻底摧毁腐朽的封建制度，在思想上和理论上做了充分的准备。启蒙运动对法国大革命，以及19世纪欧洲爆发的一系列资产阶级革命都产生了极大的影响。

　　拉普拉斯到了巴黎，口袋里放着推荐信去拜访达朗贝尔，达朗贝尔是法国科学院士，物理学家和数学家，具有很高的威望。可是，拉普拉斯没有被接纳。达朗贝尔对于大人物推荐的年轻人不感兴趣，也许他每周都会遭到两三个这样被人推荐来的毫无发展前途的人打扰，他需要有真才实学的有为青年，而不要有着强大后台却不学无术的人。当时，达朗贝尔给了拉普拉斯一个题目，要他一周后再来。可是拉普拉斯一夜之间就完成了，达朗贝尔又给了他一个关于打结的难题，拉普拉斯当时就把题目解出来了。达朗贝尔非常赏识他的数学才能，对他说："先生，你看，我几乎没有注意你那些推荐信，你不需要什么推荐，你已经更好地介绍了你自己，对我来说这就够了。"

达朗贝尔感觉到拉普拉斯巨大的潜力，会对法国的科学进步做出贡献。他介绍拉普拉斯到科学院任职。可是，拉普拉斯只有19岁，更主要的是他没有学位。科学院的保守势力强大，他们拒绝了拉普拉斯。

由于达朗贝尔的推荐，拉普拉斯被任命为巴黎军事学校的数学教师，讲授中等数学、基础数学分析和静力学等课程。这样他可以继续留在巴黎，等待进入巴黎科学院的机会。他为此等待了5年，最终如愿以偿地进入巴黎科学院。在这5年中，拉普拉斯在数学，天文学的最新领域开展研究，共完成13篇论文，被科学界同行所认识，逐渐受到重视。

当时，研究人员进入巴黎科学院要经过院士的投票决定，对于拉普拉斯的申请，尽管有达朗贝尔等人的支持，但仍有很多院士认为他太年轻，结果在1771年和1772年两次投票都没有通过。达朗贝尔经两次挫折后非常伤心，愤愤不平地说："巴黎科学院宁愿接受一个才能比他低得多的人。"1773年3月，在巴黎科学院新任执行秘书孔多塞的坚决支持下，终于通过了拉普拉斯进入科学院的决议。

进入科学院之后，拉普拉斯把前几年写的13篇论文汇集在一起出版了他的第一部论文集，孔多塞在拉普拉斯这部论文集的序言中热情地写道："巴黎科学院第一次接受了这样年轻，并在这样短的时期内对多种难题写出重要论文的人。"

巴黎科学院的职称，在当时分为4个等级：荣誉院士，由享有很高声望的人担任；终身院士，人数也极为有限；副院士；助理院士。一般人进入科学院都从助理院士开始做起，而后再逐级上升。可是，由于拉普拉斯在进入科学院时已有较高声望，从而跳过助理院士，一开始就直接成为副院士。

从此，拉普拉斯开始了他的科学研究生涯。他积极投身于这一事业，全力对数学、力学和天文学等学科的新领域不断探索研究，受到国内外学术界的重视，逐渐成为当时贡献最大、最负盛名的科学家之一。

拉普拉斯27岁时在给达朗贝尔的一封信中，曾描述了他的想法："我从事数学研究，一向出于爱好，而非追求虚名。我最大的乐趣是研究发明者的进展情况，看看他们的天才怎样千方百计对付他们碰到的障碍和怎样克服这些障碍，然后我把自己放在他们的位置上，问自己，我会怎样克服这些障碍。虽然在大多数情况下这样替换只是使我的自负蒙受耻辱，然而为他们的成功而感到的欢欣，丰厚地补偿了我这点微不足道的屈辱。如果我有幸能给他们的工作添加一些东西，我把全部功绩都归于他们最初的努力，并确信他们在我的位置上会比我做得更好。"

　　从这封信中，我们可以看到年轻的拉普拉斯一方面具有谦虚的本性，另一方面有着远大的志向，把自己与大师们的工作进行比较，寻找不足。

拉普拉斯一生大致可分为4个时期。第一个时期是29岁以前的青少年时期，这个时期他精力旺盛，对于积分、天文学、宇宙学、概率论、力学和因果律等诸多方面的问题都有一定的研究，初露锋芒，受到学术界的重视。在这个时期，他建立了自己的风格，为今后的发展打下了良好的基础。第二个时期为29岁到40岁，这是拉普拉斯的鼎盛时期，完成多数重大成果，著名的"拉普拉斯方程"就是在这个时期内完成的。第三个时期是40岁到56岁，这一时期，正赶上法国大革命，这个时期法国社会政局动荡不安，拉普拉斯也积极投身政治，在这时期，他主要进行科学组织和教育工作，并且继续研究新的课题，总结前一时期的成果。第四个时期是56岁以后的晚年时期，他仍坚持科学研究和成果整理工作，主要研究成果有"拉普拉斯变换"等。

在家庭婚姻方面，拉普拉斯与康德不同，他在39岁时与19岁的夏洛特女士结婚。结婚后，育有一子一女，儿子后来成为将军。

1789年，在法国，由于资产阶级势力的壮大，封建制度与资本主义之间的矛盾不可调和，爆发了资产阶级革命。法国大革命是法国历史上重要的分水岭，它结束了法国1000多年的封建统治，废除了封建等级制度，建立了资产阶级政权。尽管法国大革命使得社会动荡不安，可是它铲除了腐朽的封建制度，促使科学技术和社会更迅猛地发展。

拉普拉斯一生发表了大量数学、天文学和物理学著作。1799年至1825年，拉普拉斯出版了5卷16册巨著《天体力学》，这是集经典天体力学之大成的代表作。拉普拉斯首先提出了天体力学学科名词。他说："牛顿发现万有引力定律已有100年，从那时起，学者们就把这个伟大的定律用于研究一切已知自然现象，并由此给出了天体运动理论和格外准确的天文历表。我在自己的大多数著作中用同样的观点提出了有关理论。这些理论，包括用万有引力定律研究太阳系和宇宙中其他类似系统里的固体与液体运动和平衡形状的全部结果，组成了天体力学。"

《天体力学》是经典天体力学的奠基著作。在这部巨著中，拉普拉斯归纳出经典天体力学的基本课题，探讨和研究了太阳系大行星的运动以及月球运动以及卫星运动、彗星运动和潮汐理论等一系列的问题。

据说拉普拉斯更感兴趣的是结果，而不是他怎样得出这些结果。为了避免麻烦，在书中，他常常删去论证，只留下一句乐观的评语"这是显而易见的"。而在这句"显而易见"的后面，他自己常常会花费几个小时，乃至几天的时间去演算那些"显而易见"的结果。而那些普通读者，有的需要花上一星期或者更长的时间去演算，才能明白这些结果是怎么得来的。

傅立叶曾对拉普拉斯这一时期的工作做过评论，他说："拉普拉斯把他的全部著作用在一个固定的方面，他从来没有偏离过它；沉着冷静地坚持他的观点，一直是他的天才的主要特点。他深入细致地考虑了他的伟大计划，以科学史上无可匹敌的坚忍不拔的精神，毕生致力于这项计划的完成。这个课题的宏大，给他的天才带来应得的荣誉，他承担了撰写他那个时代的《天文学大成》[1]——《天体力学》的重任。而他的不朽的著作，远远超过了托勒密的著作"。这个评论再恰当不过了，不管拉普拉斯做什么，他都是集中全部力量竭尽全力为这一中心目标而努力。

2.我不需要那样的假设

1796年，拉普拉斯出版了《宇宙体系论》。他根据在巴黎综合工业学校等处的讲稿，整理出了这本历史性名著，在自然科学界

1　古希腊天文学家托勒密的代表作。

和哲学界都产生了巨大影响。在书中的附录七上他提出了星云假说，书中阐述了他对于从分子到整个宇宙的看法。该书在他的生前已经出过5版。1835年出版了第六版，那时拉普拉斯已经辞世8年了。在第六版的序言上，编者说："作者正在阅读本书第六版校样时突然逝世。在这个新版本里已经由他编入了几个附录。当他患病的最后几日，他还在修改校样，可是这一工作并没有做完。"拉普拉斯没有亲眼看到这本书第六版的正式出版。

《宇宙体系论》全书包括5篇和7个附录，在附录七中，拉普拉斯提出了星云说，他之所以要把这个理论放在附录中，是因为他认为星云说不是通过观测或计算得到的结论，而是一个假说。

在《宇宙体系论》中，拉普拉斯认为，虽然行星系各个成员的表现有许多不同，比如，太阳系中的地球、火星、海王星等行星，它们在形状大小和组成物质的密度上都有很大差别，但是它们之间却有着某种关系，由这种关系，我们可以找出它们的起源。如果仔细考察，会发现许多相同之处，比如太阳系的行星按相同的方向，由西向东运行，而且几乎都在一个平面上绕太阳运行；卫星运动的方向与行星相同；行星、卫星和太阳的自转运动与行星公转方向一致，而且它们的赤道面也相近。拉普拉斯认为，这些奇特的现象绝不可能是偶然形成的，形成这么一致的现象的概率，为200万亿分之一，也就是说宇宙如果随意地起源200万亿次，形成我们现在这样的太阳系的可能性只有一次。这样奇特的现象连牛顿也感到无法解释，"这种美妙的现象"，"只能是一位全智全能的上帝来创作。"拉普拉斯全力反对牛顿的错误观点，认为没有上帝的安排，这后面只有自然规律的支配。

拉普拉斯认为，太阳系是由一个气体星云收缩形成的。他说，开始有一个球形的比今天的太阳要大得多的星云，温度很高，缓慢地自转着。后来，星云逐渐冷却而且收缩，星云收缩时转动速度越来越快，离心力也越来越大，星云越来越高。到一定时候，这个巨大的星云的赤道边缘就不再运动而分离出一个旋转气体环。随着星云的继续冷却和收缩，这个过程一次又一次地重演，便逐渐形成了和行星数目相等的多个气体环，各环的位置大致就是今天各行星的位置。

　　星云中心部分，则收缩成太阳，在各个气体环内，物质的分布不是均匀的，密度较大的部分把密度较小的部分吸引过去，逐渐形成了一些气团，在大致相同的轨道上绕太阳转动。小气团又集聚成大的气团，最后结合成行星。而卫星的形成，则在小一规模上进行。体积比较大的行星在冷却收缩时又可能重复气环分离收缩的过程，于是形成行星的卫星系统。像我们人类居住的地球，月亮在环绕地球运行，月亮就是地球的卫星。地球只有一个卫星，而木星有很多个卫星。

　　拉普拉斯认为，星云开始时温度很高，由于冷却才收缩。现代科学研究发现，星云并不热，温度平均只有-173℃—-263℃。可见收缩不是由于冷却而是由于自吸引发生的，星云越收缩，温度越高。

虽然康德与拉普拉斯在太阳系由"原始星云"发展而成这一点上是一致的，但是在对"原始星云"是由什么东西组成上观点并不相同。康德认为原始星云是弥散的固体微粒，而拉普拉斯则认为原始星云是一些非常灼热的气体云，拉普拉斯的星云说比康德的星云说有以下几点进步。

首先，康德的斥力概念是错误的。斥力不会导致质点团绕太阳公转，更无法说明形成的行星都以同一方向绕太阳公转。而拉普拉斯假设星云在自转，因而显得合理、自然。其次，拉普拉斯在讨论太阳系起源的过程时，明确提出了温度的变化，尽管温度由热变冷的过程是错误的，但对于温度变化产生影响的考虑超越了以往只考虑力的影响的范围。第三，拉普拉斯的唯物观点更加彻底。

曾经有这样一个传说：拉普拉斯在完成《天体力学》这部巨著之后，把书献给拿破仑，有人告诉拿破仑说，这本书没有提到上帝的名字。拿破仑是一个喜欢故意为难人的君主，他想惹恼拉普拉斯，责备他犯了一个明显的错误："你写了这本世界体系的大书，却一次也没有提到宇宙的创造者。"拉普拉斯立即反驳说："陛下，我不需要那样的假设。"

《宇宙体系论》全书包括篇和7个附录。前6个附录都是天文学史补充。其中附录一谈到中国古代周公测量的某些结果，附录六介绍过去观测的结果，其中还提到周公和郭守敬的结果。

在书中第五篇讲了"天文学史纲要"，介绍天文学的发展过程，其中反映了拉普拉斯的两个观点：一是天文学同其他学科一起并肩发展，它和数学、力学发展较快；二是在天文学的发展过程中真理和谬误交织在一起，天文学在不断淘汰谬误中发展。他说，天文学发展有3个主要时期：哥白尼以前，天文学家了解天象提出假说的时期；哥白尼的天文学革命到牛顿提出一些定律的时期；牛顿以后是第三时期，找到了万有引力是天体运动的原因，并用它解释一切天文现象。

对宇宙，拉普拉斯提出了一些观点，他认为，太阳系边界应比现在所知更远，还有更多的行星和卫星。在拉普拉斯生活的时代，人们只知道太阳系有7颗行星，最远的一颗是天王星。这个推断被后来的科学观测所证实。他还认为，地球并不特殊，其他行星、其他行星系中都可能有生物，有适于它们生存的环境；太阳系和恒星都有起源，我们不能不懂装懂，不要为了自我安慰而去找原因，他对牛顿因不能解释行星轨道规律而认为是"上帝所作"的解释极为反对。

3. 我们不知道的无限

拉普拉斯不仅在天文学方面有突出的成就，对数学的发展，也做出许多贡献。他一生共研究了100多个课题，写出专题报告和论文276篇，长篇专著共7卷。

拉普拉斯不仅做研究工作，而且在科学管理和培养人才方面，也做了一些工作。

在法国大革命以前，度量衡系统很混乱，人们在生活、工作中普遍用不同的度量单位，十二进制和十进制混用。混乱的度量单位不利于科学的发展，为了改变这种状况，巴黎科学院在1789年6月成立了以拉普拉斯和拉瓦锡（A.L.Lavoisier，1743—1794）为首的"度量衡委员会"来研究制定公制系统，最后确定了长度单位，他们根据从法国敦刻尔克到西班牙巴塞罗那的大地测量结果，正式决定长度单位"米"为巴黎子午线全长的四千万分之一，然后用十进制确定厘米或者分米等更小的单位和更大的单位。这个长度单位比过去用秒摆定义长度要更加科学可靠，这套公制系统一直沿用至今。

在学术界，拉普拉斯有时也表现出对科研

新人的慷慨。有一次，一位青年在巴黎科学院宣读一篇论文，是他经过几年的努力研究的成果。在宣读论文的时候，拉普拉斯正好也在场。当这位青年讲完下来坐回座位时，拉普拉斯把他叫到一边，给他看一份他自己还没有发表的发黄的旧手稿，而研究成果是完全相同的。可见，拉普拉斯比这个青年更早发现了结果。可是，拉普拉斯却非常神秘地告诉这位青年要保守秘密，接着干下去，并发表著作，自己不会和他争发明权。据说，这样的事发生在拉普拉斯身上不止一次。他对待科研新人非常热情。

拉普拉斯在法国大革命爆发后积极参加政治活动，1793年，国民议会宣布解散巴黎科学院，拉普拉斯等一批科学家遭到清洗。据说拉普拉斯逃脱了断头台，仅仅因为他被征召去为大炮计算弹道，并帮助指导制造用于火药的硝石。在遭到清洗前，拉普拉斯带着全家逃离巴黎，直到1年后才回来。

在法国大革命之前，拉普拉斯曾被任命为皇家炮兵学校考官。1785年对拉普拉斯是非常重要的一年。首先，拉普拉斯在这一年晋升为科学院士。其次，这一年一名16岁的少年考入皇家炮兵学校，拉普拉斯作为考官对这名考生进行了考试，这名少年就是后来在法国称帝的拿破仑。这改变了拉普拉斯的生活。

拿破仑非常重视拉普拉斯这位昔日的考官。雾月政变后，拿破仑成为法国最高执政官。很快，拉普拉斯被任命为内政部长，在当时，内政部的职责是处理经济和警务以外的全国国内事务。可见，拉普拉斯的地位和权力是非常高的。拉普拉斯尽管是一个优秀的科学家，但是他做行政工作却非常糟糕，拉普拉斯积极参与政治为后人留下不好的印象，在担任了6周的内政部长之后，拿破仑认为他不适宜任行政官员，又提名拉普拉斯为上议院议员，并于1803年当选为议长。拿破仑给予拉普拉斯最高的俸禄，年收入超过10万法郎。在拿破仑称帝后，拉普拉斯又被封为伯爵。1827年3月，拉普拉斯78岁的时候去世，在他最后的日子里，他反复背诵一句话："我们知道的不多，我们不知道的无限。"

4. 没有结尾的故事

科学在不断地发展，人类社会在不断地进步，尽管现在的我们在回顾过去，看几百年前科学家的新发明、新发现的时候，可能会感到简单，会感到可笑，会看出许多的不足，可是我们却不能不敬佩他们对他们所从事的事业的热爱，不能不敬佩他们敢作敢为，敢为天下先的智慧和勇气。伟人已去，思想犹存。他们的思想不断启发后人的思想，推动社会不断发展进步。

康德和拉普拉斯虽然已经化作泥土，但是他们提出的太阳系演化假说，蓬勃发展。到现在，太阳系演化假说已达100个以上。

19世纪末以前，牛顿的经典力学体系在天文学上取得了极大的胜利，使天文学的研究发展到一个比较高的层次。牛顿的经典力学体系是建立在绝对时空观的基础上的。按照牛顿的观点，绝对的时空观就是不管空间还是时间，它们都是与外界事物无关的。时间，由于其本性而在均匀地流逝；空间，也由于其本性永远相同和不动。牛顿的绝对时空观割裂了时间、空间，物质和物质运动内在的联系，存在着缺陷。德国物理学家爱因斯坦（Albert Einstein 1879—1955）分别在1905年和1915年创立了狭义相对论和广义相对论，带来了时空观念的深刻变革，它彻底破除了绝对时空观。爱因斯坦曾风趣地说："以前大家相信，要是宇宙间一切物质都消失了，那就留下了时间和空间。但是，根据相对论，物质消失了，时间和空间也就跟着一起消失了。"时空观念上的革命，也带来了天文学方法上的变革，使一批科学家根据相对论探讨宇宙的起源和结构。

尽管目前已有上百个关于太阳系演化的假

说，但是要彻底圆满地解释宇宙以及太阳系各

种各样现象的起源，还需要几代甚至几十代科

学家们的共同努力，"路漫漫其修远兮，吾将

上下而求索"，不畏艰辛的探索者通过努力，

一定会找到正确的答案。

世界五千年科技故事丛书